Und so geht's:

Das Beispiel auf dieser Seite zeigt, wie du mit miniLÜK spielst.

Öffne das miniLÜK®-Kontrollgerät und lege den durchsichtigen Boden des Kontrollgerätes auf die untere Übungsseite deines miniLÜK-Heftes!
Nimm Plättchen 1. und sieh dir Aufgabe 1. an!

Dort siehst du eine gelbe Form, die du in grün auf der unteren Seite in Feld 9 wiederfindest.
Lege Plättchen 1. auf die grüne Form in Feld 9!
So spielst du weiter, bis alle 12 Plättchen auf dem durchsichtigen Teil des Kontrollgerätes liegen und keine Bilder mehr zu sehen sind.

Dann schließt du das Kontrollgerät und drehst es um.
Wenn du das bei der Übung abgebildete Muster siehst, hast du alles richtig gemacht.

Passen einige Plättchen nicht in das Muster, löst du diese Übungen noch einmal.
Stimmt es jetzt?

Und nun viel Spaß!

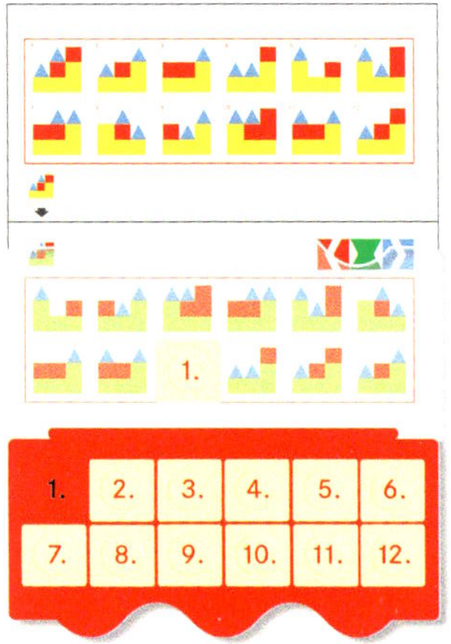

In welchem Wort siehst du ein p?

1.	2.	3.	4.	5.	6.
Ampel	Feder	Kürbis	Trompete	Räuber	Moped
Zwiebel	Hupe	Tempel	Mandel	Lampion	Nadel

7.	8.	9.	10.	11.	12.
Stempel	Wunde	Lupe	Mädchen	Fabrik	Leopard
Schnabel	Raupe	Hobel	Harpune	Wimpel	Radio

Ampel
Zwiebel

Ampel
1
Leopard
2
Raupe
3
Trompete
4
Ampel
5
Lampion
6
Wimpel
7
Moped
8
Hupe
9
Stempel
10
Harpune
11
Tempel
12
Lupe

Womit machst du das?

1. malen	2. graben	3. fegen	4. wiegen
5. schneiden	6. harken	7. rodeln	8. schreiben
9. essen	10. angeln	11. kämmen	12. spielen

malen

1
2
3
4
5
6
7
8
9
10
11
12

Welches Wort gehört zum Bild?

1. 
Bluse
Blume

2. 
Fahne
Farbe

3. 
Tonne
Torte

4. 
Haken
Harke

5. 
Rasen
Radio

6. 
Tafel
Tasse

7. 
Bluse
Blume

8. 
Fahne
Farbe

9. 
Tonne
Torte

10. 
Haken
Harke

11. 
Rasen
Radio

12. 
Tafel
Tasse

Bluse
Blume

1
2
3
4
5
6
7
8
9
10
11
12

Zu welchem Wort gehört der Wortbaustein?

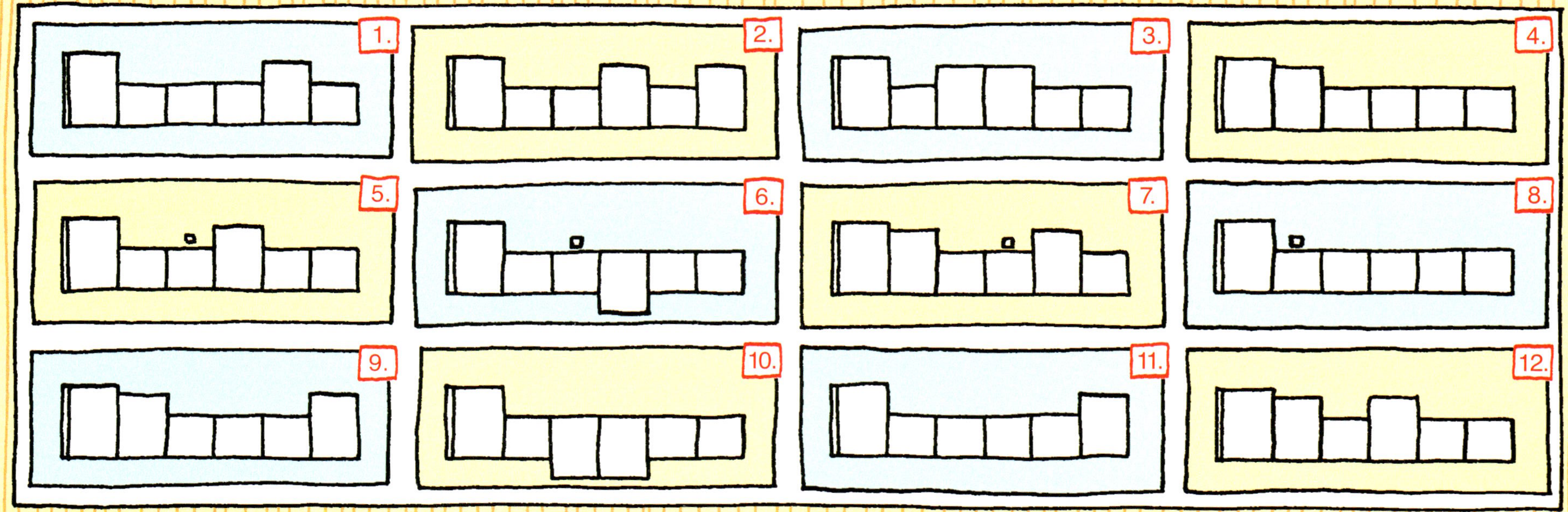

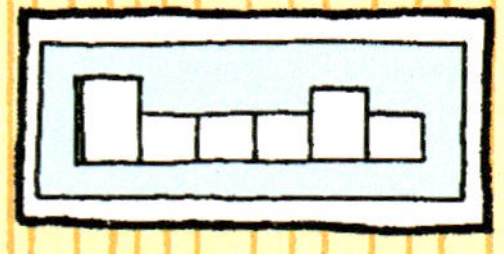

Tomate
1 Glatze
2 Kissen
3 Bagger
4 Pfeife
5 Leiter
6 Frosch
7 Zeiger
8 Mantel
9 Tomate
10 Pfanne
11 Kaktus
12 Storch

Finde das zugehörige Bild!

1. zwei Perlen	2. vier Lampen	3. zwei Wolken	4. drei Raupen
5. drei Lampen	6. vier Perlen	7. zwei Raupen	8. vier Wolken
9. vier Raupen	10. drei Wolken	11. zwei Lampen	12. drei Perlen

zwei Perlen

1
2
3
4
5
6
7
8
9
10
11
12

Ordne richtig zu!

1. Er ist stark.	2. Er ist rund.	3. Er ist klein.	4. Er ist süß.
5. Sie ist dunkel.	6. Sie ist leicht.	7. Sie ist steil.	8. Sie ist spitz.
9. Es ist scharf.	10. Es ist flüssig.	11. Es ist grün.	12. Es ist kalt.

Er ist stark.

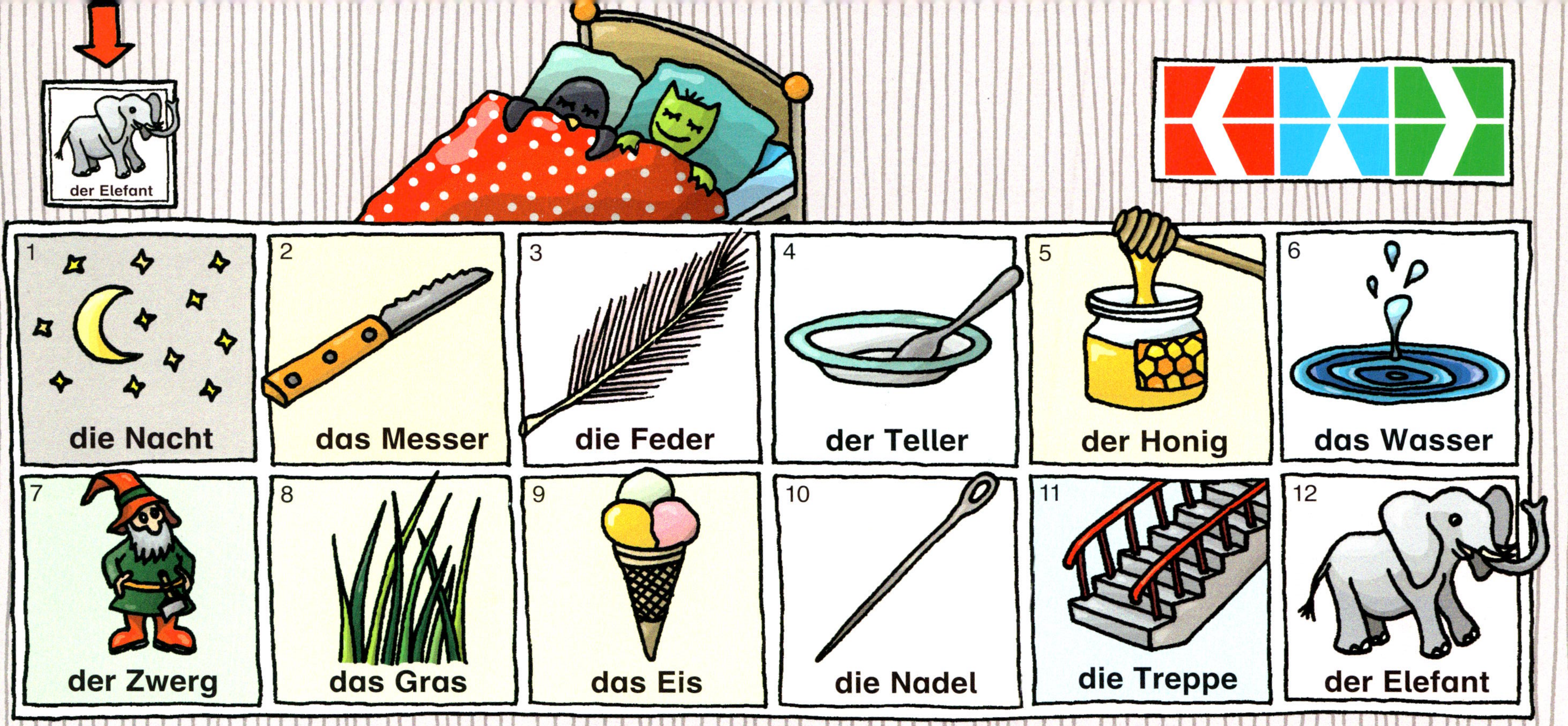
der Elefant
1 die Nacht
2 das Messer
3 die Feder
4 der Teller
5 der Honig
6 das Wasser
7 der Zwerg
8 das Gras
9 das Eis
10 die Nadel
11 die Treppe
12 der Elefant

Wörter mit ei

1. Schleife	2. Zeitung	3. Feile	4. Weizen
5. Geige	6. Teich	7. Leine	8. Reifen
9. Reiter	10. Schwein	11. Ameise	12. Kreide

Schleife

1
2
3
4
5
ANZEIGER
6
7
8
9
10
11
12

Zusammengesetzte Wörter

1. Regen-	2. Zahn-	3. Hand-	4. Haus-
5. Brief-	6. Teddy-	7. Wasser-	8. Eisen-
9. Vogel-	10. Tisch-	11. Hunde-	12. Feder-

Regen-

1 decke	2 tür	3 ball	4 bahn	5 nest	6 marke
7 schirm	8 hahn	9 bär	10 bürste	11 hütte	12 schuh

Lauter Kinderspielzeug

1. ein Ball und eine Puppe	2. ein Auto und ein Ball	3. ein Ball und ein Teddy
4. ein Würfel und ein Ball	5. ein Ball und ein Roller	6. eine Puppe und ein Auto
7. ein Teddy und eine Puppe	8. eine Puppe und ein Würfel	9. ein Roller und eine Puppe
10. ein Auto und ein Teddy	11. ein Würfel und ein Auto	12. ein Auto und ein Roller

ein Ball und eine Puppe

1
2
3
4
5
6
7
8
9
10
11
12

Ordne die Eigenschaften zu!

1. rot saftig süß	2. gelb sauer fest	3. grün glitschig flink	4. rot schnell laut	5. gelb krumm süß	6. grün lang wässrig
7. rot weich warm	8. gelb rund heiß	9. grün hart groß	10. rot eckig schwer	11. gelb klein niedlich	12. grün leicht oval

rot
saftig
süß

1
2
3
ABC
4
5
6
7
8
9
10
11
12

Beantworte die Fragen mit Ja oder Nein!

1. Können Hunde bellen? Ja / Nein	2. Können Fische klingeln? Ja / Nein	3. Können Katzen fliegen? Ja / Nein
4. Können Pferde laufen? Ja / Nein	5. Können Löwen lachen? Ja / Nein	6. Können Würmer singen? Ja / Nein
7. Können Hunde kochen? Ja / Nein	8. Können Fische sehen? Ja / Nein	9. Können Katzen fauchen? Ja / Nein
10. Können Pferde lesen? Ja / Nein	11. Können Löwen brüllen? Ja / Nein	12. Können Würmer kriechen? Ja / Nein

1
2
3
4
5
6
7
8
9
10
11
12

Was die Kinder malen

1. Metin malt zwei rote Autos.

2. Hannes malt vier gelbe Sterne.

3. Leonie malt drei rote Autos.

4. Fatma malt zwei gelbe Sterne.

5. Anne malt ein rotes Auto.

6. Kevin malt drei gelbe Sterne.

7. Semira malt drei rote Sterne.

8. Meike malt ein gelbes Auto.

9. Lukas malt zwei rote Sterne.

10. Lucie malt drei gelbe Autos.

11. Paul malt vier rote Sterne.

12. Selim malt zwei gelbe Autos.

Metin malt zwei rote Autos.